Timo Sperber

Herzberg Reloaded

Abhandlung über die Zwei-Faktoren-Theorie von F. Herzberg vor dem zusätzlichem empirischen Hintergrund einer repräsentativen Umfrage

GRIN - Verlag für akademische Texte

Der GRIN Verlag mit Sitz in München hat sich seit der Gründung im Jahr 1998 auf die Veröffentlichung akademischer Texte spezialisiert.

Die Verlagswebseite www.grin.com ist für Studenten, Hochschullehrer und andere Akademiker die ideale Plattform, ihre Fachtexte, Studienarbeiten, Abschlussarbeiten oder Dissertationen einem breiten Publikum zu präsentieren.

Timo Sperber

Herzberg Reloaded

Abhandlung über die Zwei-Faktoren-Theorie von F. Herzberg vor dem zusätzlichem empirischen Hintergrund einer repräsentativen Umfrage

GRIN Verlag

Bibliografische Information der Deutschen Nationalbibliothek: Die Deutsche Bibliothek
verzeichnet diese Publikation in der Deutschen Nationalbibliografie; detaillierte bibliografische Daten sind im Internet über http://dnb.d-nb.de/ abrufbar.

1. Auflage 2007
Copyright © 2007 GRIN Verlag
http://www.grin.com/
Druck und Bindung: Books on Demand GmbH, Norderstedt Germany
ISBN 978-3-640-35364-4

FACHAKADEMIE für ÖKONOMIE und MANAGEMENT

Hausarbeit im Schwerpunktfach

Personalmanagement

Thema: Herzberg Reloaded

(Abhandlung über die Zwei-Faktoren-Theorie von F. Herzberg vor dem zusätzlichem empirischen Hintergrund einer repräsentativen Umfrage)

Inhaltsverzeichnis

A. Einleitung

Der heute so geläufige und alltägliche Ausdruck „MADE IN GERMANY" war Anfang des 19. Jahrhunderts eher ein Zeichen der Diskriminierung als ein Markenzeichen. Er diente v. a. im angelsächsischen Raum als Schutz vor Produktimitationen.
Ende des zweiten Weltkrieges erlebte der Begriff abermals eine Renaissance, da Produkte aus Deutschland besonders gekennzeichnet wurden.
Spätestens nach Einführung der sozialen Marktwirtschaft durch den damaligen Wirtschaftsminister Ludwig Erhard, ist nicht nur die wirtschaftliche Kraft von Angebot und Nachfrage deutlich geworden. Auch das Label „MADE IN GERMANY" konnte sich immer wieder als sog. Exportweltmeister beweisen.

Die zunehmende Globalisierung macht allerdings auch vor diesem geschichtlichen Hintergrund keinen Halt und kündigt bereits ein enormes Wirtschaftswachstum auf Kosten der westeuropäischen Wirtschaft, in den sog. BRIC – Staaten[1], an[2].

Aber nicht nur die Globalisierung stellt die Volkswirtschaften vor eine Herausforderung, sondern auch die zunehmende technologische Entwicklung, der demographische Wandel mit einhergehenden Veränderungen der sozialen Werte und nicht zuletzt die Veränderungen im Arbeitsmarktumfeld sind die größten Herausforderungen in diesem sich fortsetzenden Strukturwandel.

Im Mittelpunkt dieser Veränderungsprozesse steht der wichtigste Produktionsfaktor, der Mensch, mit seiner Motivation und spezifischen Fähigkeiten.

Aber wie reagiert der Mensch auf Veränderungen wie Globalisierung, Konjunkturkrisen, Umstrukturierungen, Sparmaßnahmen und Verschlechterung des Arbeitsklimas?

Eine durch das Bundesministerium für Arbeit in Auftrag gegebene Studie zur Arbeitszufriedenheit spiegelt größtenteils ein Bild der Frustration wider und belegt eindeutig einen besseren Firmenerfolg von 20-30% durch bessere Mitarbeiterorientierung.

Der erste Blick erscheint positiv; etwa ¾ aller Befragten sind mit ihrer momentanen Arbeitssituation zufrieden. Sieht man doch etwas genauer hin, so differenziert sich das Bild etwas:

Im Vergleich zum Jahr 2001 ist die Zahl der völlig Zufriedenen um 10% auf 37% gesunken.

Eine Erhöhung des Arbeitsstresses geben im Gegensatz zum Jahre 2001 (48%) nun 60% aller befragten Arbeitnehmer an und führen dies innerhalb der Studie zugleich als erheblichen Unzufriedenheitsfaktor an.

---

1 Brasilien, Russland, Indien, China (Quelle: http://lexikon.meyers.de/meyers/BRIC-Staaten)
2 www.spiegel.de/wirtschaft;
   http://de.wikibooks.org/wiki/Enzyklopädie_der_populären_Irrtümer/_Geschichte#Made_in_Germany:_Made_in_Germany_war
   _schon_immer_ein_Qualit.C3.A4tssiegel

Laut der zugrunde liegenden Studie gelten nur ca. 40% der Beschäftigten als „umfassend engagiert".
Die Studie differenziert weiterhin in vier Mitarbeitertypen:

- 37% passiv Zufriedene: überdurchschnittlich zufrieden, aber geringe Einsatzbereitschaft
- 31% aktiv engagiert: positives und aktives Verhältnis zur Arbeit und zum Arbeitgeber
- 18% akut unzufrieden: geringe Arbeitszufriedenheit und Identifikation mit Arbeitgeber
- 14% desinteressiert: Arbeit als grundsätzlich geringe Bedeutung

Im Hinblick auf den Firmenerfolg spielen Mitarbeiter und ihre jeweilige Einstellung bzw. Motivation eine besondere und wichtige Rolle für das Unternehmen.[3]

Angesichts der oben erwähnten Bedingungen ist es für Führungskräfte in der heutigen Zeit umso wichtiger, auf Belange Ihrer Mitarbeiter einzugehen und so ein Höchstmaß an Motivation zu erreichen, um so die Produktivität des jeweiligen Unternehmens, v. a. vor dem Hintergrund der Globalisierung und zunehmenden Wettbewerbs erheblich zu steigern.

„Mitarbeiter-Engagement ist der Schlüssel zum Unternehmenserfolg"[4] - aber wie steht dies im Einklang mit Herzbergs fordernder Frage: „How do you install a generator in an employee?"[5]

Dieser Frage soll u. a. in dieser Abhandlung nachgegangen und anhand einer repräsentativen Umfrage exemplarisch untersucht werden.

B) Hauptteil

1. Untersuchungsgegenstand und Untersuchungsperspektive

Im Zeitraum April bis Mai 2008 wurden 433 Probanden beiderlei Geschlechts, jeglichen Alters und unterschiedlicher Berufsgruppen in einer empirischen Untersuchung auf Unzufriedenheits- bzw. Motivationsfaktoren im Hinblick auf ihre Arbeit befragt.

Dieser Untersuchung wurde primär die Zwei-Faktoren-Theorie der Arbeitsmotivation von Frederick Herzberg zugrunde gelegt (Hygiene- bzw. Motivationsfaktoren)[6]. Sie beabsichtigt die Beseitigung von störenden Umwelteinflüssen um eine höhere Motivation der Mitarbeiter zu erreichen. Im Verlauf dieser Arbeit wird aber noch detaillierter darauf eingegangen.
Die Erfassung erfolgte jeweils durch 17 Unzufriedenheits- (Hygienefaktor) bzw. Motivationsfragen (Motivationsfaktor) zur täglichen Arbeit, die jeweils von den Probanden auf einer Skala von „trifft gar nicht zu" bis „trifft voll zu" bewertet werden konnte.

---

3 http://www.spiegel.de/wirtschaft/0,1518,524944,00.html
4 http://www.wiwi-treff.de/home/index.php?mainkatid=1&ukatid=1&sid=9&artikelid=1744&pagenr=0
5 http://www.motivatoren.de/Herzberg_One-more-time_1987-reprint.pdf
6 http://de.wikipedia.org/wiki/Zwei-Faktoren-Theorie_(Herzberg)

Die Ergebnisse wurden nach Geschlecht, Alter, Berufsgruppe und Berufserfahrung ausgewertet.

Der Autor stellt in seiner abschließenden Untersuchung primär auf die Hygiene – bzw. Motivationsfaktoren der Probanden in Abhängigkeit vom Alter ab.
Besonders Augenmerk wird hierbei noch auf die Gültigkeit der Zwei-Faktoren-Theorie im Hinblick auf die verschiedenen Altersgruppen und den mögliche Motiven ihrer Aussage gerichtet.

2. Motivation und ihre Grundlagen

Die genaue Definition des Begriffs „Motivation" ist abhängig vom jeweiligen Themengebiet. In der Tiefenpsychologie wird Motivation als psychische innere Energieform (Trieb) angesehen. Dem Grunde nach ist auch ansatzweise im Arbeitsprozess von dieser tiefenpsychologischen Grundlage auszugehen, jedoch muss man in diesem Zusammenhang den Ansatz noch etwas weiter vertiefen.

Die zu befriedigenden individuellen menschlichen Bedürfnisse sind Grundlage der Motivation. Um eine Befriedigung dieser Bedürfnisse zu erreichen, legt der Mensch bestimmte Verhaltensbereitschaften an den Tag. Diese werden als Motive bezeichnet und sind somit Auslöser der Motivation und „Beweggründe menschlichen Verhaltens"[7].

Ebenso wie die individuellen Bedürfnisse, stellen in der Konsequenz somit auch Motive subjektive Werte dar, deren Wichtigkeit bzw. Verhaltensbereitschaft von jedem Individuum immer neu geprüft, bewertet und einer persönlichen Rangordnung unterworfen wird.

Somit kann die Motivation als Ergebnis menschlichen Verhaltens aufgrund eines Spannungsbogens zwischen einem bestehendem Bedürfnis (Anreiz) und einer zu erreichenden Befriedigung (Motiv) verstanden werden.

$$\text{Anreiz} + \text{Motiv} = \text{Motivation (Verhalten)}$$

2.1 Differenzierung der Motive

Wie bereits oben erläutert bilden sowohl der Anreiz der Umwelt als auch das jeweilige Motiv die Grundlagen der Motivation. Diese Perspektive ist jedoch noch sehr allgemein. Daher unterteilt die Organisationspsychologie[8] in drei Gebiete, wobei in diesem Punkt nur in besonderer Weise auf die Motive des Arbeitsprozesses eingegangen wird.[9]

2.1.1 physische, psychische und soziale Motive

Hierzu zählen die primären biologischen Bedürfnisse, wie z. B. Nahrungsaufnahme und

---

7   Hans Jung (2006), Personalwirtschaft, 7. Auflage, 2006 München, S. 367
8   Wissenschaft vom Erleben, Verhalten und Handeln des Menschen in Organisationen, Lutz.v. Rosenstiel (2007), Grundlagen der Organisationspsychologie, 6. Auflage, Stuttgart 2007, S. 5
9   (vgl. 2.1.3)

Unterkunft als physischer Moment. Die psychischen Motive spiegeln sich u. a. in persönlicher Selbstverwirklichung bzw. -entfaltung wider. Darauf aufbauend können nun wiederum die sozialen Motive, wie z. B. bestimmte Gruppenzugehörigkeit, soziales Engagement eine hohe individuelle Bedeutung gewinnen. Soziale Motive können allerdings auch als alleinstehender Punkt gesehen werden.

2.1.2 primäre und sekundäre Motive

In dieser Differenzierung wird eine sehr vereinfachte Darstellung der Motive verfolgt. Die primären Motive entsprechen den o. g. physischen Überlebens-Motiven (Hunger, Durst). Sekundäre Motive dienen der Befriedigung anderweitiger/übriger Motive, die v. a. notwendig sind, um primäre Motive zu befriedigen. Die Befriedigung primärer Motive beinhaltet somit zwingend das sekundäre Motiv der Geld-/Tauschwarenbeschaffung.

2.1.3 intrinsische und extrinsische Motive

Die Unterteilung in intrinsische und extrinsische Motive ist v. a. für die berufliche Tätigkeit von Bedeutung und beschreiben die grundsätzlichen Arten von Motivation.

2.1.3.1 intrinsische Motive

Die Steuerung erfolgt von innen heraus und „beruht auf selbst bestimmten Faktoren, die jeder für sich als wichtig erachtet[10]".Die Ausübung der Tätigkeit an sich ist bereits die Befriedigung des Motivs. Man könnte hier bildlich gesprochen von einer Deckungsgleichheit von Anreiz und Motiv sprechen. Der Mensch muss nicht arbeiten, um zu überleben; sondern er will arbeiten, um zu überleben.

Beispielhaft können hier folgende Varianten aufgeführt werden:

–   Leistungsmotiv: Die zu erzielende Leistung wird in den Mittelpunkt der Motivation gestellt. Ein materieller Ausgleich durch Lohn ist sekundär und dient nur zur Vergleichbarkeit mit anderen Leistungsträgern. Schwierige Aufgaben fordern den leistungsmotivierten Mitarbeiter zu mehr Leistung, Arbeitseifer auf und verlangen größere Anforderungen an die eigene Person ab. Die Erfüllung der gestellten Aufgabe wird nur als erledigt angesehen, wenn durch die eigene Motivation direkt Einfluss auf das Ergebnis der gestellten Aufgabe genommen werden kann.

–   Kompetenzmotiv: durch Beherrschung der Umwelt soll auf künftige Entwicklungen, eigene berufliche Entfaltung und gute Leistungen Einfluß genommen werden.

–   Geselligkeitsmotiv: stellt den Menschen als soziales Wesen in den Vordergrund. Hauptaugenmerk wird hier auf die Integration in eine soziale Gruppe gelegt. Aus der Zugehörigkeit zu einer sozialen Gemeinschaft verspricht sich der Mensch das angeborene Gefühl des Schutzes, aber auch innergemeinschaftliche Anerkennung und nicht zuletzt persönliche soziale Kontakte

---

10 http://www.themanagement.de/HumanResources/Motivationstheorien.htm

2.1.3.2 extrinsische Motive

Die Steuerung erfolgt nicht von innen heraus, sondern wird von Dritten beeinflußt, um „jemanden zu einem gewünschten Verhalten zu motivieren[11]." Die Befriedigung erfolgt nicht durch die Tätigkeit selbst, sondern durch die Folgen der Tätigkeit und deren Begleitumstände. Im Gegensatz zu den intrinsischen Motiven steht nicht die Arbeit im Mittelpunkt des Interesses, sondern sie ist „Mittel zur Verfolgung anderer Motive[12]."

Zu den extrinsischen Motiven gehören u. a.:

– Geldmotiv: dieses Motiv ist bei jedem Menschen anders ausgeprägt. In jungen Jahren wird v.a. die materielle Komponente verfolgt, um sich eine Existenz aufzubauen. Im zunehmenden Alter wird es mehr als emotionaler Faktor gesehen und durch andere sekundäre Motive ersetzt. Das primäre Motiv der Geldbeschaffung bleibt allerdings erhalten, dient allerdings nur als Substitutionsfaktor.

– Sicherheitsmotiv: kann als grundlegende Basis der Motive aller Menschen angesehen werden: das Streben nach immer während er und möglicher Befriedigung der individuellen materiellen Bedürfnisse. Im Arbeitsprozess ist eng im Zusammenhang mit Sicherheit und sozialer Absicherung bei Verlust des Arbeitsplatzes zu sehen.

– Prestigemotiv: der Ursprung dieses Motivs findet sich sowohl in eigenen, als auch von der Umwelt geforderten Verhaltensweisen, einen beruflichen Status erreichen zu wollen bzw. zu müssen. Analog dem Geldmotiv nimmt aber auch dieser Faktor im Laufe der Zeit ab, da bei Erreichen des gewünschten Prestiges zugleich die Motivation abnimmt und durch andere Faktoren ersetzt werden kann.

Extrinsische Faktoren haben aufgrund ihrer von innen heraus nicht zu beeinflußenden Natur für das Individuum einen stärkeren, aber kurzfristigen Effekt, während hingegen die intrinsischen Faktoren einen langfristigen Effekt aufzeigen[13].

3. Motivationstheorien

3.1. geschichtliche Entwicklung

Spätestens seit Beginn der Industrialisierung war es notwendig geworden, sich mit dem Verhältnis „Mensch und Arbeit" zu befassen.

Aus diesem Grunde hat es sich v. a. die Wissenschaft der Psychologie zur Aufgabe gemacht das Verhältnis des Menschen zur Arbeit zu erforschen. Motivationstheorien erklären den Zusammenhang zwischen dem Zustandekommen bzw. Wirkung der Motivation und des menschlichen Verhaltens.

Bis Ende des 19. Jahrhunderts gab es keine wissenschaftlichen Untersuchungen zur

---

11 http://www.themanagement.de/HumanResources/Motivationstheorien.htm
12 Hans Jung (2006), Personalwirtschaft, 7. Auflage, 2006 München, S.370
13 http://www.themanagement.de/HumanResources/Motivationstheorien.htm

Situation und zu den Bedürfnissen der Arbeitnehmerschaft. Ebenso gab es keine wissenschaftlich fundierten Führungstheorien. Der Mitarbeiter wurde als unmündig angesehen, musste angelernt und geführt werden; es herrschte ein patriachalischer Führungsstil vor.

Mit Voranschreiten der Industrialisierung wurden erstmals 1911 durch den Ingenieur F. W. Taylor wissenschaftliche Untersuchungen zur Bewältigung menschlicher Probleme im Arbeitsalltag angestellt. Der Mensch wurde als „homo oeconomicus" gesehen. Ziel Taylors war es die Arbeitsinhalte zu systematisieren und zu vereinfachen um die Produktivität zu steigern und so gerechtere Löhne zu erzielen (Scientific Management). Das Erreichen eines hohen Lohnes diente als ökonomischer Anreiz bzw. als extrinsische Motivation. Der Arbeitsinhalt wurde in den Mittelpunkt gestellt, um die Bedürfnisse des Menschen zu befriedigen.

Als Gegenbewegung zum Scientific Management entstand in den 30er Jahren die sog. „human relations"-Bewegung mit ihrem Ursprung in den „Hawthorne-Studien". Gemäß Taylors Grundidee sollten in dieser Forschungsarbeit die mechanischen Arbeitsprozesse weiter optimiert werden. Im Laufe der Untersuchungen bemerkte man jedoch eine Steigerung der Motivation bzw. Arbeitszufriedenheit durch positive soziale Kontakte zu Kollegen und Vorgesetzten. Der „economic man" wurde von dem „social man" abgelöst. Oberste Maxime der Arbeitsmotivation war nun nicht mehr der Arbeitsinhalt, die objektiven Arbeitsbedingungen und die Entlohnung, sondern die primäre Befriedigung der sozialen Bedürfnisse und somit eine Steigerung der Arbeitszufriedenheit.

Mitte des 20. Jahrhunderts vereinigen sich die rationalen und sozialen Arbeitsaspekte in einer humanistisch angehauchten Strömung. Der Arbeitsinhalt wird in die „human relation"- Bewegung integriert. Zentraler Punkt war nun der „self-actualising man". Der Mensch folgt im Beruf seinem intrinsischen Trieb nach Selbstverwirklichung und Selbstentfaltung und dies allein kann zu einer Steigerung der Arbeitsmotivation führen.

Diese letzte Stufe der wissenschaftlichen Arbeitsbetrachtung hat eine Vielzahl von Motivationstheorien der Moderne hervorgebracht, die allerdings keinen einheitlichen Ansatz bieten können, sondern nur ergänzend in sich greifen. Beispielhaft sei an dieser Stelle die Bedürfnistheorie von Maslow und Zwei-Faktoren-Theorie von Herzberg aufgeführt, auf die an späterer Stelle noch genauer eingegangen wird[14].

3.2. Arten von Motivationstheorien

In der modernen Motivationsforschung werden die Erklärungsansätze der Arbeitsmotivation in folgende drei Arten unterschieden.

- Erwartungsvalenztheorien
- Gleichgewichtstheorien } Prozeßtheorien
- Inhaltstheorien

14 Lutz.v. Rosenstiel (2007), Grundlagen der Organisationspsychologie, 6. Auflage, Stuttgart 2007, S. 9-13; Hans Jung (2006), Personalwirtschaft, 7. Auflage, 2006 München, S. 373-381

Die Erwartungsvalenz- und Gleichgewichtstheorie werden in der Literatur zu den sog. Prozeßtheorien zusammengefasst. Im Gegensatz zu den Inhaltstheorien versuchen diese unabhängig von den Motivinhalten das menschliche Verhalten durch das Zusammenwirken von verschiedenen Faktoren (z.b. Ziele, Belohnung, Anreize, Erwartungen) zu erklären.[15] Theorien dieser Natur beschäftigen sich mit der „Dynamik bei der Kalkulation im Sinne subjektiver Rationalität."[16]

3.2.1 Erwartungsvalenztheorien

Wie bereits eingangs erwähnt gehen die Prozesstheorien, denen die Erwartungsvalenztheorie unterzuordnen ist, von einem Zusammenwirken verschiedener Faktoren aus.

Hier wird die Motivation etwas zu tun bzw. zu unterlassen als ein Zusammenwirken von

- einem unbefriedigten Bedürfnis
- positiven/negativen Bewertung eines speziellen Anreizes
- positive/negative Einschätzung den speziellen Anreizes zu erreichen

definiert.

Die Situation und die Motivation bestimmen das sichtbare Verhalten.

3.2.1.1 Path-Goal-Ansatz von Georgopoulus, Mahoney und Jones

Als ein Vertreter dieser Theorie kann der Path-Goal-Ansatz von Georgopoulus, Mahoney und Jones angesehen werden:

Ausgangspunkt sind die eigenen Ziele des Mitarbeiters (goal), deren Erreichen oberstes und subjektives Ziel ist. Als Weg (path) hierfür dient die Arbeitsleistung. Der Motivationsprozess per se wird von der persönlichen Einschätzung bestimmt das Ziel zu erreichen. Je größer die Einschätzung der Wahrscheinlichkeit das gesetzte Ziel zu erreichen, desto größer die Motivation[17].

3.2.2 Gleichgewichtstheorien

Grundlage der Gleichgewichtstheorien ist das Homöostase-Prinzip, das davon ausgeht, der Mensch strebt im physiologischen, kognitiven und sozialen Bereich jeweils immer den optimalen Gleichgewichtszustand an.
Genauso wie nach einem Marathonlauf der Wasser- und Mineralienhaushalt wieder in ein Gleichgewicht gebracht werden will, so strebt der Mensch auch im Beruf ein Gleichgewicht zwischen seiner Arbeitsleistung und Entlohnung an.

---

15 Hans Jung (2006), Personalwirtschaft, 7. Auflage, 2006 München,, S. 381
16 Lutz.v. Rosenstiel (2007), Grundlagen der Organisationspsychologie, 6. Auflage, Stuttgart 2007, S. 242
17 Hans Jung (2006), Personalwirtschaft, 7. Auflage, 2006 München,, S. 397 f.

3.2.2.1 Balance Theorie von J. S. Adams

Nach Adams zeigt sich Arbeitszufriedenheit durch ein Gleichgewicht von subjektiv empfundenem Verhältnis zwischen erbrachter Leistung und empfangenem Lohn bzw. sonstiger sozialer Zuwendungen (z. B. Beförderungen, soziale Sicherheit). Ausgangsbasis ist hierbei das menschliche und subjektive Gerechtigkeitsempfinden und weiterhin die Annahme der Vergleichbarkeit von „soziale[n] Beziehungen mit wirtschaftlichen Tauschaktionen".[18]

Als Maßstab des zu überprüfenden Gleichgewichts wird ein vergleichbarer Kollege herangezogen.
Ergibt die subjektive Überprüfung von erbrachter Leistung und gezogenem finanziellen Nutzen kein Gleichgewicht, so entsteht Unzufriedenheit in Form von inneren Spannungen, die sich wiederum in Motivation niederschlägt, um das Gleichgewicht wiederherzustellen.

Diese Motivation kann sich sowohl in einer Anpassung der eigenen Leistung, an die der Vergleichsperson widerspiegeln um höheren Lohn zu erhalten, aber auch in einer direkten Forderung zur Lohnerhöhung, sofern der eigene Lohn unter dem der Vergleichsperson liegt. [19]

3.2.3 Inhaltstheorien

Inhaltstheorien konzentrieren sich im Gegensatz zu Prozesstheorien nur auf Motivinhalte der Arbeitsmotivation und nehmen eine Klassifizierung der spezifischen Motivationsfaktoren der Arbeit vor[20].
Grundgedanke dieser Theorien ist eine „Taxonomie der Ziele" und eine Bestimmung der Gesetzmäßigkeit, nach welcher jeder Mensch die Erreichung dieser individuellen Ziele anstrebt[21].

Exemplarisch für Inhaltstheorien können die Bedürfnistheorie von Abraham H. Maslow und die Zwei-Faktoren-Theorie von Frederick Herzberg genannt werden. Da letztere Theorie Kernpunkt dieser Arbeit und hauptsächlich Untersuchungsgegenstand der repräsentativen Umfrage war, wird nachfolgend genauer auf o. g. Theorien eingegangen. Zum besseren Verständnis der Zwei-Faktoren-Theorie wird deren Grundlage, die maslowsche Bedürfnistheorie, vorab behandelt.

3.2.3.1 Bedürfnistheorie von Maslow

Die Bedürfnistheorie von Maslow priorisiert aus einer Vielzahl von menschlichen und zu befriedigenden Grundbedürfnissen und vergibt eine festgelegte Rangordnung.

Mit der ersten Stufe beginnend, wird immer das Erreichen der nächsthöheren Bedürfnisstufe angestrebt.

---

18 Hans Jung (2006), Personalwirtschaft, 7. Auflage, 2006 München,, S.403
19 Hans Jung (2006), Personalwirtschaft, 7. Auflage, 2006 München,, S.402 f
20 Hans Jung (2006), Personalwirtschaft, 7. Auflage, 2006 München,, S.382
21 Lutz.v. Rosenstiel (2007), Grundlagen der Organisationspsychologie, 6. Auflage, Stuttgart 2007, S. 242

Zum besseren Verständnis müssen folgende Annahmen angeführt werden:

- Festlegung der zu befriedigenden Grundbedürfnisse in fünf Klassen
- allgemeiner Gültigkeitsanspruch für alle Individuen
- stufenweise Bedürfnisordnungen
- befriedigte Grundbedürfnisse motivieren den Menschen nicht mehr
- unbefriedigte Bedürfnisse motivieren generell. [22]

Nachfolgend eine graphische Darstellung der maslowschen Bedürfnistheorie:

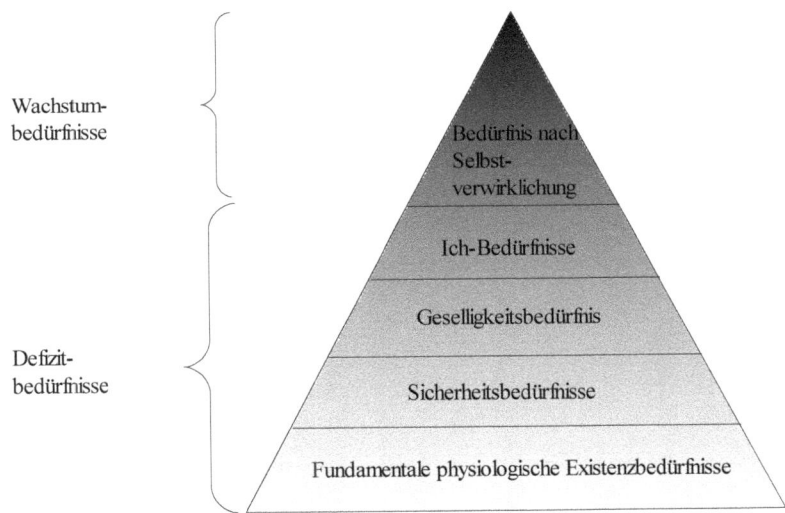

Abb. 1: Bedürfnispyramide nach Maslow, vgl. Hans Jung (2006), Personalwirtschaft, 7. Auflage, 2006 München, S. 383

Die Grundbedürfnisse des Menschen werden in erster Stufe in Defizit- und Wachstumsbedürfnisse unterteilt. Die Gruppe der Defizitbedürfnisse wird noch weiter differenziert.
Sie müssen immer wieder neu befriedigt werden. Bei Mangel oder Störung erfolgt eine automatische Aktivierung.

Die Befriedigung der Defizitbedürfnisse führt zu einer Verringerung der Motivationskraft. In Gegenströmung hierzu führt die Befriedigung der Wachstumsbedürfnisse zu einer Erhöhung der Motivation.

---

22 Hans Jung (2006), Personalwirtschaft, 7. Auflage, 2006 München,, S.382

Die erste Stufe der Bedürfnispyramide bezieht sich auf die essentiellen Elemente der Lebenserhaltung bzw. den Grundbedürfnissen der Menschheit. Sie stellt die Lebenserhaltungstufe dar und ergibt sich wiederum aus der physiologischen Natur des Menschen (z. B. Nahrungsaufnahme, sichere Unterkunft).

An die primären physiologischen Existenzbedürfnisse schließen sich die der Sicherheit an. Hierbei muss streng nach physiologischen, psychologischen und ökonomischen Bedürfnissen des Menschen unterschieden werden. „Hierzu zählen beispielsweise Bedürfnisse nach Geborgenheit, Ordnung, Gesetzen, Sicherheit des Arbeitsplatzes"[23].

Ist die Stufe der Sicherheitsbedürfnisse gedeckt, so wendet sich der Mensch seinen sozialen Bedürfnissen zu: dem Wunsch nach sozialer Zugehörigkeit zu einer oder mehrerer Personen oder einer ganzen Gruppe.

Anschließend wird die Befriedigung der letzten Stufe der Defizitbedürfnisse angestrebt. Der Bedarf nach Achtung muss aber in zwei Bereiche gegliedert werden. Der Selbstbestätigung und Selbstachtung durch eigene Leistungen und Erfolge steht die Fremdbestätigung in Form von Anerkennung und Achtung durch andere Menschen gegenüber.

Die letzte und wichtigste Stufe der Bedürfnispyramide stellt das Wachstumsbedürfnis, das Streben nach eigener Selbstverwirklichung, dar. Nachdem der Mensch alle elementaren Defizitbedürfnisse befriedigen konnte, kann er sich nun der bestmöglichen Entfaltung seiner individuellen Eigenschaften zuwenden (self-actualising-man). Die Befriedigung dieses Bedürfnisses führt nicht zu einer Verminderung, sondern zu einer Erhöhung der Motivation.

Die oben angeführten Stufen der jeweiligen Bedürfnisse mit ihren Ausprägungen können im beruflichen Kontext folgendermaßen interpretiert werden:

Bedürfnisse nach Selbstverwirklichung	Achtungsbedürfnisse	Soziale Bedürfnisse	Sicherheitsbedürfnisse	Physiologische Bedürfnisse
- Macht, Einfluss - Realisierung der eigenen Pläne	- fachliche Kompetenz - Lob, Status - guter Lohn	- Kommunikation mit den Mitarbeitern - Teamarbeit - Information	- Sicherheit des Arbeitsplatzes - Kündigungsschutz - betriebl. Altersversorgung - Weiterbildung	- ausreichende Bezahlung - gesunder Arbeitsplatz - existenzielle Versorgung

Zunahme der Wichtigkeit

Abb. 2: vgl. Hans Jung (2006), Personalwirtschaft, 7. Auflage, 2006 München, S. 384

---

23 Hans Jung (2006), Personalwirtschaft, 7. Auflage, 2006 München,, S. 384

Maslow hat mit dieser Theorie Mitte des letzten Jahrhunderts einen Grundstein in der Organisationspsychologie gelegt. Wichtigste Erkenntnis ist das subjektive Empfinden elementarer Bedürfnisse bis hin zur Selbstentfaltung und deren Auswirkung auf die individuelle Motivation[24].

3.2.3.2 Zwei-Faktoren-Theorie von Frederick Herzberg

Diese Inhaltsheorie beschäftigt sich nicht mit Bedürfnissen und Motiven der Motivation, sondern mit Faktoren der menschlichen Unzufriedenheit bzw. Zufriedenheit.
Wissenschaftliche Grundlage hierfür ist eine empirische Untersuchung über positive und negative Einstellungen zur Arbeit. In einer Befragung von ca. 200 Ingenieuren und Büroangestellten wurde festgestellt, dass das Fehlen bzw. Vorhandensein gewisser Faktoren unterschiedlichen Einfluss auf die Arbeitsmotivation haben können.

Die Zwei-Faktoren-Theorie greift die primäre Unterscheidung der maslowschen Bedürfnispyramide in Defizit- und Wachstumsbedürfnisse auf.
Analog zu Maslow geht auch Herzberg von einer festen Anzahl von Grundbedürfnissen aus. Er unterteilt diese in zwei Kategorien:

- Motivationsbedürfnisse oder Motivatoren
- Hygiene- oder Maintenancebedürfnisse

Bei den anfangs erwähnten Befragungen wurde festgestellt, dass das Fehlen gewisser Faktoren zu einer Unzufriedenheit bzw. negativen Einstellung der Arbeitsmotivation führt. Die Existenz dieser Faktoren führte aber nicht zur Zufriedenheit und damit zur Motivation, sondern führen einen Zustand des persönlichen inneren Gleichgewichts - die Nicht-Unzufriedenheit - herbei. Herzberg nannte diese Faktoren „die Unzufriedenheit verhindern, Zufriedenheit jedoch nicht bewirken"[25], Hygiene- oder Maintenancefaktoren. Diese beeinflussen vor allem die extrinsischen Bedürfnisse bzw. die Rahmenbedingungen der Arbeit, wie z.B. Beziehung zu Vorgesetzten und Kollegen, Entlohnung, Sicherheit des Arbeitsplatzes, Betriebspolitik.
Das Fehlen und der Mangel dieser Hygienefaktoren wird vom Individuum eher bemerkt als das Vorhandensein und die Selbstverständlichkeit.

Das Pendant zu den oben beschriebenen Faktoren bilden die Motivationsfaktoren (z. B. Art der Arbeit, Anerkennung, Leistung,Verantwortung, Beförderung). Die Befriedigung dieser Bedürfnisse rufen eine positive Einstellung zur Arbeit und demzufolge auch eine Zufriedenheit hervor. Sie beziehen sich ausschließlich auf den Arbeitsinhalt und ihr Vorhandensein somit auf die intrinsischen Bedürfnisse des Menschen. Das Nicht-Vorhandensein führt nicht zur Unzufriedenheit, aber auch nicht zur Motivation.

Die Erkenntnisse der Zwei-Faktoren-Theorie zur Unzufriedenheit bzw. Zufriedenheit in graphischer Form:

---

24 Hans Jung (2006), Personalwirtschaft, 7. Auflage, 2006 München, S. 382 - 385
25 Hans Jung (2006), Personalwirtschaft, 7. Auflage, 2006 München,, S. 389

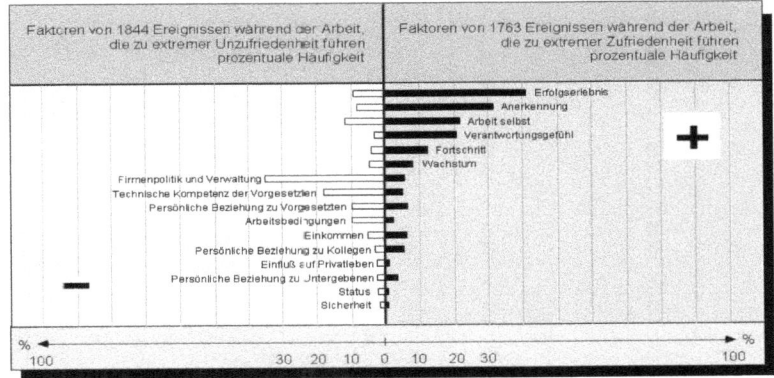

Abb. 3: Quelle: http://upload.wikimedia.org/wikipedia/de/2/2e/Herzbergs_Faktoren.jpg

Vor dem Hintergrund der maslowschen Bedürfnistheorie sind die Hygienebedürfnisse mit den extrinsischen Grundbedürfnissen und die Motivationsbedürfnisse mit den intrinsischen Wachstumsbedürfnissen zu vergleichen.

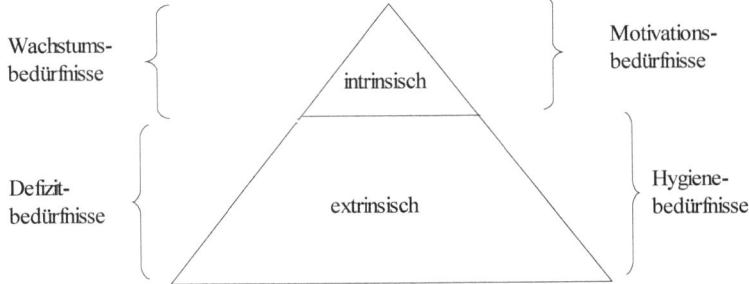

Abb. 4: Gegenüberstellung der Primärsektoren Maslows und Herzbergs

Herzbergs Motivationstheorie weist, wie die Theorie Maslows, eine Dynamik auf. Diese gliedert sich allerdings im Gegensatz zur Bedürfnistheorie nur in zwei Prozess- und Handlungsstufen. In der ersten Stufe ist das Individuum auf der Suche nach Hygiene; in der zweiten Stufe wird Motivation angestrebt.

Aufgrund der Erkenntnis, dass Mitarbeiter die positiven Einstellungen der Arbeit auf anderweitige Ursachen zurückführen, als auf ihre negativen Erfahrungen, lehnt Herzberg die eindimensionale Theorie der Zufriedenheit ab. Diese bildet die einfache Indifferenz zwischen Unzufriedenheit und Zufriedenheit. Die Zwei-Faktoren-Theorie sieht diese beiden Faktoren hingegen als getrennte Segmente an.

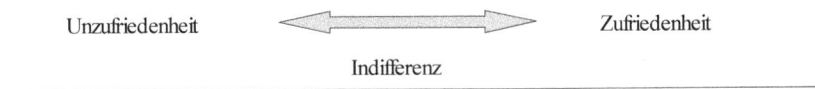

Traditionelle Zufriedenheitstheorie

Unzufriedenheit ⟷ Zufriedenheit

Indifferenz

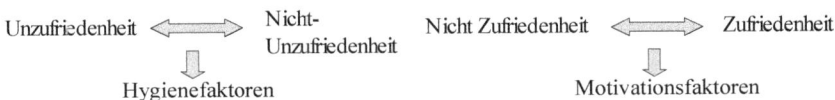

Herzbergs Zwei-Faktoren-Theorie

Unzufriedenheit ⟷ Nicht-Unzufriedenheit   Nicht Zufriedenheit ⟷ Zufriedenheit

Hygienefaktoren   Motivationsfaktoren

Abb. 5: vgl. Hans Jung (2006), Personalwirtschaft, 7. Auflage, 2006 München, S. 391

Die Beseitigung der Unhygiene bzw. der Unzufriedenheit führt bei Mitarbeiter noch nicht zur Motivation. Diese ist von intrinsischer Prägung und kann daher nur indirekt und für das Individuum unbewußt von außen gesteuert werden. Herzberg sieht in der vertikalen Aufgabenerweiterung eine Möglichkeit die intrinsischen Motivationsfaktoren anzuregen. Der Aufgaben und Tätigkeitsbereich eines einzelnen sollte mit interessanten und aktivierenden Tätigkeiten bereichert werden. Im Zusammenhang mit der Zwei-Faktoren-Theorie spricht man vom vertikalen Job Loading.
Im Einzelnen sind folgende Prinzipien der vertikalen Aufgabenerweiterung möglich:[26]

---

26 Hans Jung (2006), Personalwirtschaft, 7. Auflage, 2006 München,, S. 389-393

Prinzipien des vertikalen Job Loading

Prinzip	Beteiligte Motivatoren
A Einige Kontrollen abschaffen, aber Verantwortlichkeiten beibehalten.	Verantwortung und persönliche Leistung
B Die Verantwortung der Einzelnen für ihre Arbeit ausdehnen.	Verantwortung und Anerkennung
C Den Mitarbeitern eine in sich zusammenhängende vollständige Arbeitseinheit zuteilen (einen Funktionsbereich, ein Modul, ein bestimmtes Gebiet et cetera).	Verantwortung, Leistung und Anerkennung
D Den Mitarbeitern bei ihrer Tätigkeit mehr Befugnisse und mehr Unabhängigkeit geben.	Verantwortung, Leistung und Anerkennung
E Periodische Berichte den Mitarbeitern direkt zugänglich machen und nicht nur ihren Vorgesetzten.	Interne Anerkennung
F Schwierigere und neue Aufgaben einführen, die zuvor nicht Bestandteil der Tätigkeit waren.	Entwicklung und Lernen
G Einzelnen Mitarbeitern besondere oder spezialisierte Aufgaben geben, um ihnen zu ermöglichen, sich zu Experten zu entwickeln.	Verantwortung, Entwicklung und Aufstieg

Abb. 6 :Quelle: Harvard Business Manager 4/2003, S. 58

Die Zwei-Faktoren-Theorie der Arbeitszufriedenheit war nach Maslows Bedürfnistheorie eine der größten Errungenschaften der Organisationspsychologie. Sie gehört mittlerweile zu einer der meist zitierten Inhaltstheorien und hat die Gestaltung von Arbeitsinhalten und Arbeitsplätzen erheblich beeinflusst.

4. Subsumtion der Umfrageergebnisse mit den Grundzügen der Zwei-Faktoren-Theorie

Vor dem Hintergrund der Zwei-Faktoren-Theorie wurde in der Zeit von April bis Mai eine repräsentative Umfrage durchgeführt. Unter Zuhilfenahme einzelner Ergebnisausschnitte sollen nun die Grundzüge der Theorie Herzbergs v. a. unter

Berücksichtigung des Alters der Mitarbeiter überprüft werden. Die Daten wurden der zur Verfügung gestellten Datei entnommen.

4.1 Motivationsfaktoren

Im folgenden Abschnitt wird überprüft, ob die originären Motivationsfaktoren (Erfolg, Anerkennung, Arbeit selbst, Verantwortung, persönlicher Fortschritt und Wachstum) immer noch gleichen Stellenwert einnehmen.
Die Überprüfung erfolgt im generellen Stil. Auf eine Differenzierung nach dem Alter wird hier. auch aus Gründen der Vereinfachung verzichtet. Die Dateneingabe erfolgte mit dem Mittelwert.

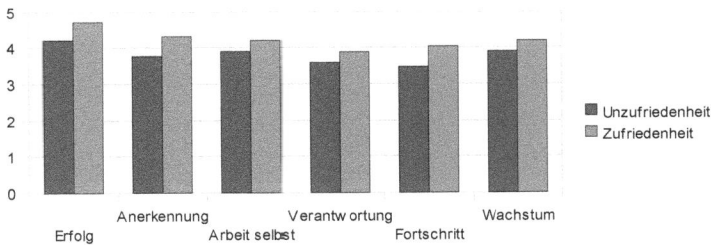

Abb. 7: allg. Darstellung der Motivationsfaktoren aller Altersgruppen

Aus obiger Darstellung kann eindeutig der Mehrwert der abgefragten Kriterien als Motivationsfaktor (rote Markierung) entnommen werden. Auch im Hinblick auf die Altersunterschiede konnte im Allgemeinen in den Ergebnissen kein abweichendes Ergebnis gefunden werden.
Ein besonderer Motivationsfaktor ist der persönliche Erfolg, die Anerkennung der Vorgesetzten bzw. Kollegen und der persönliche Fortschritt in der Arbeit.

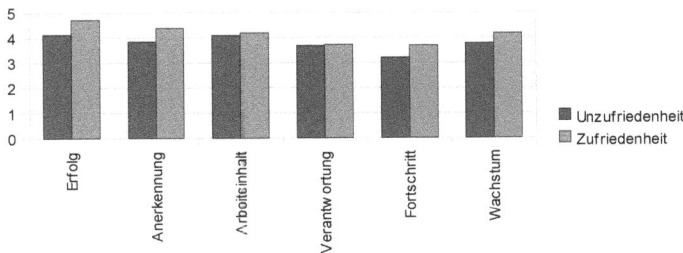

Abb. 8: separate Darstellung Motivationsfaktoren der Altersgruppe der 36 – 45

Bei der Altersgruppe der 36 - 45 Jährigen entspricht der Arbeitsinhalt und die Verantwortung sowohl einem Motivations- als auch Hygienefaktor, während die anderen Werte dieser Gruppe eindeutig Motivationsfaktoren sind. Dies lässt darauf schließen, dass in der Mitte des Berufslebens und somit der letzten Möglichkeit einer

realistischen Selbstentfaltung ein fehlender Arbeitsinhalt und fehlende Verantwortung die Arbeitsmotivation senken können.
Im Bereich der allgmeinen Maintenance-Faktoren kann die Zwei-Faktoren-Theorie in diesem Punkt über alle Altersgruppen hinweg bestätigt werden.

4.2 Hygienefaktoren

Nach den Motivationsfaktoren werden anschließend die Hygienefaktoren einer genaueren Untersuchung unterzogen. Aufgrund der Vielzahl von Hygienefaktoren, der Ursache von Unzufriedenheit bzw. Nicht-Unzufriedenheit, beschränkt sich der Autor stellvertretend für alle Faktoren auf folgende Punkte:

- Privatleben
- Arbeitssicherheit
- Beziehung zu Vorgesetzten

4.2.1 Privatleben

Um die eigene Existenz und die damit verbundenen physiologischen Bedürfnisse abzudecken, ist jeder Mensch früher oder später gezwungen einen Beruf zu erlernen. Dieser Zwang beinhaltet aber
unbedingt, dass das Privatleben vom Berufsleben beeinträchtigt wird. Gemäß der Zwei-Faktoren-Theorie würde ein zu starker Eingriff in das Privatleben zu Unzufriedenheit führen.

Dem unten stehenden Diagramm zufolge kann dies nur teilweise bewiesen werden. In den Altersgruppen der bis 25 und 26-35 Jährigen führt ein starker Eingriff zur Unzufriedenheit, wobei in den folgenden Gruppen sich Unzufriedenheit und Zufriedenheit angleichen. In der letzten Gruppe führt ein Eingriff in das Privatleben sogar zur Zufriedenheit. Dies lässt sich vor dem Hintergrund der jeweiligen Lebensabschnitte erklären: in jungen Jahren ist der Mitarbeiter primär auf sein privates Umfeld fixiert und strebt dessen Aus- und Aufbau an. Im mittleren Lebensalter ist diese Bestrebung weitgehend abgeschlossen, so dass dieser Umstand nicht unbedingt zur Unzufriedenheit führen muss. Kurz vor dem Ausscheiden aus dem Arbeitsleben kann ein Eingriff sogar motivierend wirken, da ein Ende absehbar und der berufliche Alltag inzwischen zur Routine geworden ist.

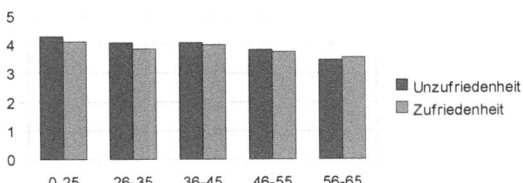

Abb. 9: Darstellung Unzufriedenheit vs. Zufriedenheit bei beruflichem Eingriff in das Privatleben

4.2.2 Arbeitssicherheit

Vor allem in Zeiten hoher Arbeitslosigkeit und Globalisierung ist die Gewissheit eines sicheren Arbeitsplatzes eines der elementarsten Bedürfnisse des Menschen. Die Ungewissheit darüber oder die andauernd drohende Gefahr des Arbeitsplatzverlustes kann bei den Mitarbeitern zur Unzufriedenheit führen.

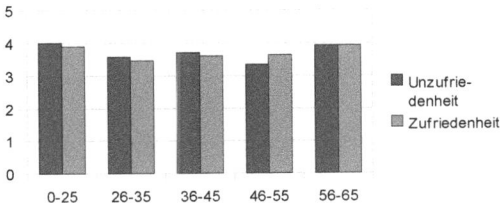

Abb. 10: Darstellung Unzufriedenheit vs. Zufriedenheit bei Sicherung des Arbeitsplatzes

In den ersten drei Altersgruppen bis hin zu den 45 Jährigen kann die Herzberg-Theorie bestätigt werden. Die Sicherheit des Arbeitsplatzes wirkt sich auf die Unzufriedenheit aus und ist somit ein Hygienefaktor. Vor dem Hintergrund des Kündigungsschutzgesetzes und der damit verbundenen Sozialauswahl bei betriebsbedingten Kündigungen ist dieser Punkt durchaus erklärbar. In der Altersgruppe der 46-55 Jährigen wirkt sich Schutz vor einem Arbeitsplatzverlust sogar als Motivationsfaktor aus und führt zur Zufriedenheit. Hauptargument dieses Segmentes wird wohl das drohende berufliche „Abstellgleis" sein. Im Falle einer Kündigung ist die betroffenen Person dieses Alterssegmentes am Arbeitsmarkt in der heutigen nicht mehr zu vermitteln. Durch mehr Motivation wird versucht dieser Entwicklung entgegen zu wirken. In der letzten Gruppe - kurz vor dem Rentenalter bzw. Frührente - ist nicht mehr von einer Bedrohung der Existenzbedürfnisse durch eine Kündigung auszugehen. Da dies für diesen Personenkreis weder einen Hygiene- noch einen Motivationsfaktor darstellt, wird somit nicht mehr das Fehlen einer etwaigen Arbeitssicherheit bemerkt.

4.2.3 Beziehungen zu Vorgesetzten

Anhand eines eindeutigen Hygienefaktors der Herzberg Untersuchungen, der Beziehung zu den Vorgesetzten, soll nun die Zwei-Faktoren-Theorie der Arbeitsmotivation abschließend untersucht werden.

Wie aus untem dargestelltem Diagramm ersichtlich wird, ist in der durchgeführten Umfrage die angesprochene Beziehungsebene nur teilweise ein klassischer Hygienefaktor. Nur in der Gruppe der bis 25-jährigen und 46-55-jährigen wird das Verhältnis zum Vorgesetzten als Motivationsfaktor angesehen. Hintergrund hierfür ist wiederum die persönliche Situation dieser Personengruppen. Berufsanfänger und potentieller Kandidat für das berufliche Abstellgleis motiviert eine gute Beziehung mehr als das sie zur Unzufriedenheit führt. Für die übrigen Altersgruppen stellt dies einen klassischen Hygienefaktor dar, wobei im Segment der 26-35-jährigen noch der

Motivationseffekt des Berufsanfängers nachwirkt und nur zu einem leichten Vorsprung der Unzufriedenheit führt.

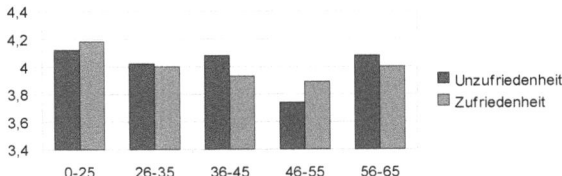

Abb. 11: Darstellung Unzufriedenheit vs. Zufriedenheit bzgl. Beziehung zu Vorgesetzten

Die Bedeutung der Beziehung zu Vorgesetzten als Hygienefaktor konnte bewiesen werden, jedoch ist auch ein leichter Wertewandel in Bezug auf dieses Thema festzustellen, da dieser Faktor im Gegensatz zur ursprünglichen Zwei-Faktoren-Theorie von den absoluten Werten her keinen eindeutigen Hygienefaktor mehr darstellt und in der heutigen Zeit abhängig vom Alter bzw. der persönlichen beruflichen Situation ist.

C. Schlussbemerkung

Diese Abhandlung stellt einen kurzen Exkurs der Ursprünge der Motivation und ihrer Auswirkungen dar, die sich v. a. in den Motivationstheorien verschiedenster Arbeitsanalytiker der Postmoderne widerspiegeln.

Das Hauptthema dieser Arbeit, die Zwei-Faktoren-Theorie von Frederick Herzberg, konnte größtenteils auch für die heutige Berufswelt und ihre Umweltfaktoren dem Grunde nach bestätigt werden.
Die Motivationsfaktoren zur Nicht-Zufriedenheit bzw. Zufriedenheit haben nach wie vor ihre Gültigkeit.

Bei den nicht behandelten Hygienefaktoren, wie z. B. den Arbeitsbedingungen, Einkommen, Betriebsklima und Firmenpolitik besitzen sowohl die Motivationsfaktoren als auch die Hygienefaktoren nahezu dieselbe Wertigkeit. Somit muss davon ausgegangen werden, dass die Probanden in ihrer derzeitigen Situation in diesen Punkten keine Unzufriedenheit verspüren und sich in einem neutralen Gleichgewicht befinden.

Literatur- und Quellenverzeichnis

Lutz.v. Rosenstiel (2007), Grundlagen der Organisationspsychologie, 6. Auflage, 2007 Stuttgart

Hans Jung (2006), Personalwirtschaft, 7. Auflage, 2006 München

Dietmar Vahs (2005),Organisation, 5. Auflage, 2005 Stuttgart

Reinhard K. Sprenger (2007), Mythos Motivation, 18. Auflage, 2007 Frankfurt a.M.

Harvard Business Manager 4/2003

http://lexikon.meyers.de/meyers/BRIC-Staaten

http://www.spiegel.de/wirtschaft/0,1518,524944,00.html

http://de.wikibooks.org/wiki/Enzyklopädie_der_populären_Irrtümer/_Geschichte#Made_in_Germany:_M
ade_in_Germany_war_schon_immer_ein_Qualit.C3.A4tssiegel

http://www.wiwi-treff.de/home/index.php?mainkatid=1&ukatid=1&sid=9&artikelid=1744&pagenr=0

http://www.motivatoren.de/Herzberg_One-more-time_1987-reprint.pdf

http://de.wikipedia.org/wiki/Zwei-Faktoren-Theorie_(Herzberg)

http://www.themanagement.de/HumanResources/Motivationstheorien.htm

http://upload.wikimedia.org/wikipedia/de/2/2e/Herzbergs_Faktoren.jpg

http://www.motivatoren.de/Herzberg.htm

http://www.plogmann.net/f/50/file.pdf

http://de.wikipedia.org/wiki/Motivation

Lightn ng Source UK Ltd.
Milton Keynes UK
UKHW010652200721
387465UK00002B/476